BEI GRIN MACHT SICH IHR WISSEN BEZAHLT

AF145804

- Wir veröffentlichen Ihre Hausarbeit,
  Bachelor- und Masterarbeit

- Ihr eigenes eBook und Buch -
  weltweit in allen wichtigen Shops

- Verdienen Sie an jedem Verkauf

Jetzt bei www.GRIN.com hochladen und kostenlos publizieren

Bibliografische Information der Deutschen Nationalbibliothek:

Die Deutsche Bibliothek verzeichnet diese Publikation in der Deutschen National-
bibliografie; detaillierte bibliografische Daten sind im Internet über http://dnb.d-
nb.de/ abrufbar.

Impressum:

Copyright © 2017 GRIN Verlag, Open Publishing GmbH
Druck und Bindung: Books on Demand GmbH, Norderstedt Germany
ISBN: 9783668496255

Dieses Buch bei GRIN:

http://www.grin.com/de/e-book/371779/das-lange-ende-der-kreuzfahrerreiche-von-
annette-seitz

Felix Tiemann

"Das lange Ende der Kreuzfahrerreiche" von Annette Seitz

Kritische Analyse

GRIN Verlag

GRIN - Your knowledge has value

Der GRIN Verlag publiziert seit 1998 wissenschaftliche Arbeiten von Studenten, Hochschullehrern und anderen Akademikern als eBook und gedrucktes Buch. Die Verlagswebsite www.grin.com ist die ideale Plattform zur Veröffentlichung von Hausarbeiten, Abschlussarbeiten, wissenschaftlichen Aufsätzen, Dissertationen und Fachbüchern.

Besuchen Sie uns im Internet:

http://www.grin.com/

http://www.facebook.com/grincom

http://www.twitter.com/grin_com

Universität Bielefeld

Fakultät für Geschichtswissenschaft, Philosophie und Theologie

Abteilung Geschichtswissenschaft

Veranstaltung: 220032 Grundkurs „Welt im Wandel 1"

WiSe 2016/2017

Kritische Analyse einer geschichtswissenschaftlichen Monographie

Annette Seitz: Das lange Ende der Kreuzfahrerreiche in der Universalchronistik des lateinischen Europa (1187-1291)

Vorgelegt von:

Felix Tiemann

Kombi-BA (fw)

Geschichtswissenschaft KF

1. Fachsemester

Abgabetermin: 31.03.2017

Inhaltsverzeichnis

1. Einleitung

„'Nicht ich bin es, der euch ermutigt', rief er angeblich aus, 'es ist der Herr. Zu den Anwesenden spreche ich, den Anwesenden befehle ich, doch Christus herrscht'"[1]. So rief Papst Urban II. am 27.November 1095 in Clermont endgültig zum Kreuzzug in das „heilige Land" auf. Es folgte eine etwa 200 Jahre andauernde kriegerische Auseinandersetzung mit den muslimischen Bewohnern um das *Heilige Land*.

Annette Seitz stellt zu Beginn ihrer Arbeit fest, dass sich die moderne Forschung vor allem mit dem ersten und erfolgreicherem Teil der Kreuzzüge, bis zur Schlacht von Hattin beschäftigt hat. Auch finden sich in der früheren Forschung mehrheitlich Überblicke über die verschiedenen Quellengattungen und keine expliziten Auseinandersetzungen mit einzelnen Gattungen. Seitz befasst sich in ihrer Arbeit mit 39 (teilweise unedierten) Universalchroniken und versucht ein differenziertes Bild vom Umgang mit dem Scheitern aufzuzeigen um somit die starke Konzentration auf das Sündenmotiv zu hinterfragen. Sie beschäftigt sich explizit mit der zweiten - weniger erfolgreichen - Hälfte der Kreuzzüge ab der Schlacht von Hattin. Ihre Fragestellung kann: *Wie ist das Scheitern in den zeitgenössischen Chroniken interpretiert und dargestellt worden?* lauten. Um ihre Fragestellung zu beantworten teilt Sie Ihre Arbeit in vier Großkapitel auf, von denen sich drei mit der Deutung und Darstellung der Ereignisse befassen und eines mit der Darstellung und Interpretation der andersgläubigen Gegner der Kreuzfahrer und der Kreuzfahrer selbst.

Zur Analyse der Dissertation, ist der Hauptteil dieser Analyse in drei Teile aufgeteilt. Zuerst werden der Aufbau und die Quellen vorgestellt. Anschließend werden im nächsten Kapitel die Ergebnisse der Studie aufgezeigt. Abschließend wird auf Basis zweier Rezensionen, eine kritische Würdigung vorgenommen. Es folgt ein abschließendes Fazit.

---

1 Georg Bönisch, Kampf um die Weltherrschaft. Heiliger Krieg. In: Spiegel Online, 31.07.2012 http://www.spiegel.de/spiegelgeschichte/papst-urban-ii-rief-zum-kreuzzug-gegen-die-muslime-auf-a-847261.html (Stand 09.03.2017).

2. Methodische Frage

Um sich dem Inhalt der Dissertation kritisch nähern und ihn zu analysieren, wird sich im ersten Teil mit der methodischen Frage beschäftigt. Hierfür werden zunächst Struktur und Aufbau und anschließend die Quellen, auf denen die Dissertation beruht, dargestellt.

2.1. Struktur und Aufbau

Auf den ersten Blick gliedert Annette Seitz ihre Dissertation in die allgemein gültige Aufteilung: Einleitung, Hauptteil und Schluss. Nach genauerer Betrachtung, lässt sich eine feinere Gliederung nachweisen.

Die Arbeit besteht aus der Einleitung[2] in der Seitz zunächst ihre Fragestellung vorstellt, welche zusammengefasst: *Wie ist das Scheitern in den zeitgenössischen Chroniken interpretiert und dargestellt worden?* lauten könnte. Daraufhin stellt sie kurz den von ihr genutzten Quellenkorpus vor, auf welchem die Arbeit basiert (siehe Kapitel 2.2.). Im Anschluss daran beschreibt Seitz ihre Vorgehensweise, wie Sie die Fragestellung im Laufe Ihrer Arbeit beantworten will. Abschließend gibt Seitz einen Forschungsüberblick, welcher darlegt, dass in Ihrer Arbeit *„[...] nun erstmals ein differenziertes Bild des Umgangs mit dem 'Scheitern' im Nahen Osten [...]"*[3] aufgezeigt wird, welches die bisherige Konzentration auf das Sündenmotiv hinterfragen soll.

Der Hauptteil der Arbeit[4] ist inhaltlich in vier Großkapitel unterteilt. Im ersten Kapitel geht es unter der Frage, welche Texte die Darstellung der Orientkreuzzüge prägten, um die rezipierten Ereignisse und was die Autoren damit vermitteln wollten oder konnten. Auch werden besondere Überlieferungsstränge zur Weitergabe von Wissen aufgezeigt.[5] Im zweiten Kapitel wird nach der Wandlung des Gebrauchs einzelner Deutungsmuster gefragt. Hierzu werden Erklärungs- und Deutungsmodelle für einzelne Niederlagen und Rückschläge in Erzählungen einzelner Autoren analysiert. Weiter zeigt Seitz in diesem Kapitel auf, ob bestimmte Deutungsmuster mehrheitlich zu bestimmten Zeiten oder nur von einzelnen Autoren benutzt wurden und ob sich für einzelne Ereignisse charakteristische Erklärungs-

---

2 Zu finden auf den Seiten 11 bis 29.
3 Annette Seitz, Das lange Ende der Kreuzfahrerreiche in der Universalchronistik des lateinischen Europa (1187-1291). (Historische Studien, Bd. 497.) Husum 2010. S.29.
4 Zu finden auf den Seiten 30 bis 256.
5 Vgl. Seitz, Das lange Ende der Kreuzfahrerreiche S.24.

modelle filtern lassen.[6] Laut Annette Seitz ergibt die Analyse von Universalchroniken nicht ausschließlich eine Bandbreite von Erklärungs- und Deutungsmodellen, sondern zeigt auch narrative Strukturen zur Vermittlung der Geschehnisse auf.[7] Mit diesen Darstellungsmustern beschäftigt sich Seitz im dritten inhaltlichen Kapitel. Das vierte inhaltliche Kapitel ist zwei geteilt und beschäftigt sich mit „[...] [der] Eigenwahrnehmung und [der] Sicht auf den Anderen im Kontext der Orientkreuzzüge [...]"[8]. Im ersten Teil geht es um die Darstellung und Deutung der Muslime. Da es laut Seitz in den Universalchroniken keine Gesamtentwürfe gibt, bezieht Sie sich auf Aussagen einzelner Chronisten. Im zweiten Teil stellt Seitz die „[...] Alterität innerhalb der eigenen Gruppe [...]"[9] unter den Fragen, ob die Kreuzzüge als europäische Gemeinschaftsaktion oder als Engagement einzelner Gruppen gesehen wurden und ob die lateinischen Bewohner der Kreuzfahrerherrschaften als eigenständige Gruppe oder als Teil einer Wir-Gruppe der Chronisten gesehen wurden.[10]

Eine als Fazit[11] anzusehende Gesamtdeutung, in der darauf eingegangen wird ob die Orientkreuzzüge immer noch als gottgewollt oder als weltliche Kämpfe angesehen wurden, folgt als Abschluss der Dissertation.

2.2. Quellen

Laut Annette Seitz eignen sich Universalchroniken aufgrund ihres breiten Bereichshorizontes zur Untersuchung der Fragestellung. Sie bieten Vergleichsmöglichkeiten wie mit Ereignissen und Konstellationen im lateinischen Europa umgegangen wurde. Als besonderes Merkmal dieser Chroniken lässt sich festmachen, dass die Autoren nie im Nahen Osten waren und somit nur das in Europa wahrgenommene wiedergeben konnten.[12] Auch sind diese Quellen auf Dauer ausgerichtet und entstehen in Gesamtheit und nicht im ersten Schmerz oder in erster Freude und können somit nicht unbedingt zur Propaganda genutzt werden, da sie eher eine Reflexion von Propaganda und Kritik sind.[13]

Weiter schreibt Seitz zu den Universalchroniken, dass diese „[...] die Orientkreuzzüge in einen größeren historischen Rahmen [einordnen]"[14]. Wichtig ist

---

6 Vgl. Ebenda S.24/25 oben.
7 Vgl. Seitz, Das lange Ende der Kreuzfahrerreiche S.25.
8 Vgl. Ebenda S.25.
9 Ebenda S.25.
10 Vgl. Ebenda S.25
11 Auf den Seiten 257 bis 283
12 Vgl. Seitz, Das lange Ende der Kreuzfahrerreiche S.15.
13 Vgl. Ebenda S.15.
14 Ebenda S.16.

zudem, dass der Entstehungszeitraum der behandelten Chroniken auf 1187 bis 1291 und als zeitgenössisch zu 1291 begrenzt wurde, da diese nicht nur die Heilsgeschichte[15] darstellen, sondern eine Verknüpfung aus Hinterfragung, Heilsgeschichte und Universalchronistik herstellen.[16]

Die Autoren der Chroniken greifen, laut Seitz, auf schriftliche Vorlagen aus dem 12. Jahrhundert zurück, *„[...] verschwinden jedoch nicht gänzlich dahinter [...]"*[17]. Dies lässt sich laut Seitz vor allem in der Veränderung des Verständnisses der Kompilatoren Tätigkeit[18] erkennen. Seitz sagt außerdem, dass die Autoren Ihre Arbeit als intellektuelle Herausforderung ansahen, da diese die Werke selber auswählten und eine eigene Zusammenstellung vornahmen. Weiter darf man die Autoren nicht als *„gedankenlose Kopisten"*[19] bezeichnen, da sie nach Seitz durchaus Passagen ihrer Werke selber verfassen mussten und nicht auf Vorlagen zurückgreifen konnten.[20]

---

15 Der Begriff Heilsgeschichte wurde im 19. Jahrhundert geprägt. Unter diesem Blickwinkel zeigt sich Geschichte als sinnvolle oder planmäßige Abfolge göttlicher Handlungen, die letztendlich auf die Vollendung des Heils abzielt.
16 Vgl. Seitz, Das lange Ende der Kreuzfahrerreiche S.15ff.
17 Ebenda S.19
18 Als Kompilator bezeichnet man einen Autor, dessen Arbeit vor allem aus dem Sammeln und Zusammenstellen von Werken und Zitaten anderer Autoren besteht.
19 Seitz, Das lange Ende der Kreuzfahrerreiche S.19.
20 Vgl. Ebenda S.19.

3. Ergebnis der Studie

Auf Basis der Frage nach Texten die, die Darstellung der Orientkreuzzüge geprägt haben, kommt Seitz im ersten Kapitel (S.30-58) zu dem Ergebnis, dass einzelne Texte die gesamte Geschichtsschreibung der Kreuzzüge geprägt haben. Als Beispiele führt Seitz *„die Schilderungen des Konzils von Clermont und seiner direkten Folgen"*[21] von Siegbert von Gembloux, *„die Bewertung des Kreuzzugs von 1197 durch Robert von Auxerre"*[22] oder die Ausführungen Olivers von Paderborn über den Kreuzzug von 1217/21 an. Weiter führt Sie aus, dass die Chronisten meist auf schriftliche Vorlagen anderer Chronisten zurückgriffen. Zudem stellt sie fest, dass die Niederlage von Hattin und der Verlust Jerusalems nicht als erste Niederlagen gesehen wurden, aber als eine weitaus größere Bestürzung aufgenommen wurden und die Chronisten teilweise zu Stellungnahmen bewegten.[23] *„Im hier behandelten Quellenkorpus zeichnen sich [...] regionale Prägungen der Berichtshorizonte ab."*[24] Dies zeigt Seitz an den Kreuzzügen von 1197[25] und 1202/04[26] (durch die Republik Venedig) auf. Als weiterer Beleg hierfür, kann man den Kreuzzug von Ludwig IX. (von 1248/54) ansehen, den Seitz anführt. Dieser wird vor allem in englischen Chroniken aufgegriffen und in den französischen ausgelassen.[27] Seitz kommt hier zu dem Ergebnis, dass sich in den Chroniken eine regionale Abhängigkeit in der Wiedergabe und der Einschätzung widerspiegelt.[28] Auch führt Seitz an, dass bestimmte Ereignisse in allen Chroniken dargestellt werden, wie z.B. der Erste Kreuzzug, die Geschehnisse um Hattin und der Fall von Akkon. Auch in der Bewertung der Kreuzzüge oder einzelner Ereignisse lassen sich laut Seitz Gemeinsamkeiten in den Universalchroniken erkennen: *Fürstenkreuzzüge* wurden im Vergleich zu *Volkskreuzzügen* besser bewertet, *Kinderkreuzzüge* wurden unterschiedlich bewertet und *Pastorellenkreuzzüge* wurden jedoch, laut Seitz einstimmig verurteilt.[29]

    Im zweiten Kapitel (S.59-118) welches von der Frage nach dem Wandel des Gebrauchs einzelner Deutungsmuster geleitet wird, stellt Seitz fest, dass den

---

21 Seitz, Das lange Ende der Kreuzfahrerreiche S.56.
22 Ebenda S.56.
23 Vgl. Ebenda S.56.
24 Ebenda S.43.
25 Dieser Kreuzzug wurde durch Heinrich VI. (Kaiser des Heiligen Römischen Reiches) geplant, aber aufgrund seines Todes 1197 nicht mehr durchgeführt. Wird auch als *Deutscher Kreuzzug* bezeichnet.
26 Dieser Kreuzzug wurde von französischen Rittern und Kaufleuten aus Venedig getragen. Das Ziel war die Eroberung Ägyptens, welches nicht erfüllt wurde. Letztendlich wurde das christliche Konstantinopel erobert.
27 Vgl. Ebenda S.57
28 Vgl. Ebenda S.43f und 56.
29 Ebenda S.57

Chronisten *„[...] ein breites Repertoire an Deutungsmustern zur Verfügung [stand],*
um die Niederlagen und Rückschläge im Nahen Osten zu erklären"[30]. Seitz führt drei
Deutungsmuster an, mit denen das Scheitern der Orientkreuzzüge am häufigsten
gedeutet wurden: Erstens Schuldzuschreibungen, zweitens strategische und
logistische Probleme und drittens unerklärlich aber gottgewollt.

Das Modell der Schuldzuschreibung wird laut Seitz am häufigsten gebraucht.
Die Schuldzuschreibungen für Rückschläge und Niederlagen beruhen laut den
Chronisten nur bedingt auf moralisch-religiösen Vergehen, sondern eher auf inneren
Streitigkeiten bzw. Zerstrittenheit der einzelnen Herrscher.[31] Als Beleg lässt sich aus
Seitz Schilderungen die *„discordia"*[32] zwischen dem französischen König Philipp II.
und dem englischen König Richard, die in allen Chroniken zu finden ist feststellen.
Aber auch der Verrat durch einzelne Personen wurde nach Seitz in einigen
Chroniken benutzt, um Niederlagen zu erklären. Seitz führt hier den Verlust von
Damaskus und den Verratsvorwurf an den Grafen von Tripolis an, welche in den
Chroniken unterschiedlich deutlich formuliert werden.[33] Auch findet man, laut Seitz,
in englischen und französischen Universalchroniken die Griechen als Behinderung
der ersten beiden Kreuzzüge. Hier wird zum einen ein direkter Vorwurf geäußert und
zum anderen wird *„[...] von einem Bündnis zwischen Saladin und dem*
byzantinischen Kaiser berichtet"[34]. Weiter wird in den Universalchroniken der
Vorwurf moralischer Laster unter dem Modell der Schuldzuschreibungen gemacht,
dies stellt Seitz vor allem für die Chroniken bis zur Mitte des 13. Jahrhunderts fest.[35]

Das Modell der strategischen und logistischen Gründe, lässt sich laut Seitz,
in Ausführungen über zahlenmäßige Unterlegenheit der Kreuzfahrer sehen. Dazu
führt Seitz an, dass diese Unterlegenheit in den Chroniken nicht zu Niederlagen
führen mussten. Für den zweiten Kreuzzug und die Niederlage von Hattin, nennen
die Chronisten *„[...] Wasser- und Nahrungsmangel sowie die ungewohnten*
klimatischen Verhältnisse"[36]. Seitz belegt dies mit einem von drei unabhängigen
Chronisten genutzten Brief, eines Templers.[37]

Das dritte Erklärungsmodell des unerklärlichen aber gottgewollten Urteils
findet sich, nach Seitz, ebenfalls in den Schilderungen der Chronisten. Seitz führt
an, dass dieses Modell oft bei Wendepunkten zum Schlechteren, wie z.B.
Krankheiten oder Todesfälle, sowie Schilderungen über Tod oder Gefangennahme

---

30 Ebenda S.116.
31 Vgl. Seitz, Das lange Ende der Kreuzfahrerreiche S.59.
32 Aus dem lateinischen Übersetzt: **Zwietracht.**
   Vgl. Ebenda S.59ff und 116.
33 Vgl. Ebenda S.63-70 und 116.
34 Ebenda S.116.
35 Vgl. Ebenda S.117.
36 Ebenda S.117.
37 Vgl. Ebenda S.106 und 117

des Herrschers zum Tragen kommt. Weiter führt Sie aus, dass die Autoren, die dieses Modell nutzten, sich aber nicht immer überzeugt zeigten.[38] Zudem führt Seitz Darstellungsmuster an, die in einer oder in wenigen Chroniken genutzt wurden. Zum einen die, laut Seitz, von zwei Autoren angeführten Glaubenszweifel der Kreuzfahrer. Zum anderen die Infragestellung der Kreuzzüge insgesamt, welche nur in einer Chronik auftaucht.[39]

Das dritte Kapitel (S.119-158) wird durch die Frage nach den narrativen Strukturen zur Vermittlung der Ereignisse geleitet. Annette Seitz stellt acht verschiedene narrative Muster vor, die häufig genutzt wurden: Laut Seitz wurden sehr häufig Misserfolge als Siege umgedeutet. Hierbei wurde die Frage nach Erfolg offensiv gestellt und das Urteil darüber allein bei Gott gesehen. Weiter wird der Lohn der verstorbenen Kreuzfahrer, *das Martyrium*, hierzu oft angeführt. Auch die Darstellung der Kreuzzüge „[...] *als teilweise erfolgreiches Missionsunternehmen [...]*"[40], wurde laut Seitz zur Umdeutung genutzt. Zu dem kam es, laut Seitz, zur Stilisierung einzelner Glaubenshelden oder einem Verweis auf die Erfüllung des Kreuzzugsgelübdes, um Misserfolge als Sieg umzudeuten.[41] Als ein weiteres narratives Muster kann das prophezeite Geschehen angesehen werden. Seitz führt hierzu aus, dass schwere Niederlagen wie in Hattin durch Prophezeiungen abgemildert wurden. Auch wurden problematische Entscheidungen durch Weissagungen vermittelt. Seitz gibt an, dass Chronisten die Prophezeiungen übernahmen, auch wenn diese sich als falsch erwiesen hatten. Auch gibt Sie an, dass die Chronisten nicht als die Erfinder der Prophezeiungen zu sehen sind, sondern diese aus ihren Vorlagen übernahmen und sie ebenfalls außerhalb der Chroniken zu finden waren.[42] Auch die Nutzlosigkeit eines Sieges für die Gegner sieht Seitz als narratives Muster an. Sie belegt dies mit Ermordungen einiger Sultane nach Ihren Triumphen über die christlichen Gegner, welche sich vor allem in den französischen Chroniken findet. Auch sagt Sie aus, dass dieses Muster auf den Fall eines ganzen Volkes und bedingt für den Verlust von Städten angewendet wurde. Dies lässt sich aus den Schilderungen des Matthäus Paris erkennen. Auch zeigt Seitz hier auf, dass die Chronisten mit hohen Verlusten die Siege der Gegner abgemilderten.[43] Die Hilfe von Außen nutzten die Chronisten ebenfalls zur Darstellung. Seitz führt hier, die von vielen Chronisten geschilderte Hoffnung auf die Bekehrung der Mongolen zum Christentum, an. Diese Hoffnungen wurden trotz der

---

38 Vgl. Seitz, Das lange Ende der Kreuzfahrerreiche S. 106-111 und 117.
39 Vgl. Ebenda S.111ff und 118, sowie S.103ff und S.117.
40 Ebenda S.158.
41 Vgl. Ebenda S.119-129 und 158.
42 Vgl. Ebenda S.129-139 und 158.
43 Vgl. Ebenda S.140ff und 158f.

Hinwendung der Mongolen zu den Muslime weitergeführt. Zudem führt Sie den ersten Kreuzzug und drei Darstellungen aus dem 13. Jahrhundert an, die die Hoffnung auf die Unterstützung durch eine als König David zu sehende Person zur Unterstützung aufzeigten. Seitz sagt aus, dass dieses Muster vor allem in den französischen Chroniken auftauchten und eher weniger in denen des Reiches[44] zu finden ist.[45] Weiter kann die Bekehrung von Muslimen, laut Seitz, zu den narrativen Modellen gezählt werden. Hierzu führt Sie aus, dass dieses Modell nur bei einzelnen Autoren vorkommt - hauptsächlich in England - und von einem einzigen Autor als ein eigentliches Ziel der Kreuzzüge angesehen wurde.[46] Auch das Ausweichen auf andere Schauplätze, wie die Kämpfe auf der iberischen Halbinsel oder im Nordosten Europas, nutzen laut Seitz einige Autoren, um Siege der Christen darzustellen. Obwohl dieses Modell laut Seitz erst ab der zweiten Hälfte des 13. Jahrhunderts zu erwarten ist, sind es nur ein viertel der Autoren „[...] die alternative Regionen des 'Heidenkampfes' in Verbindung mit ihren Darstellungen von den Ereignissen in [sic!] Outremer aufzeigen"[47]. Als letztes narratives Modell stand, laut Seitz, den Chronisten die Interpretation der Niederlagen als Chance oder die Niederlagen als göttliche Bewährungsprobe zur Verfügung. Seitz stellt hierzu klar, dass dieses Modell nur von sehr wenigen Autoren genutzt wurde und hauptsächlich aus päpstlichen Schreiben übernommen wurde.

Im zwei geteilten vierten Großkapitel, geht es zunächst um die Darstellung und Deutung der Muslime in den Universalchroniken (S.161-222). Zu Beginn stellt Seitz klar, dass die andersgläubigen Gegner nur eine untergeordnete Rolle spielten. Sie zeigt auf, dass es einen klaren Gegensatz zu z.B. den Mongolen gab.

> „Sie sind weder menschenfressende Ungeheuer noch apokalyptische Endzeitvölker, sondern dem Abendland und damit den Gewährsmännern der Chronisten seit Jahrhunderten bekannt."[48]

Seitz sagt somit aus, dass die Chronisten die Muslime im gleichen kulturellen Großraum verorteten und somit die Abgrenzung zur eigenen Gruppe erschwert wurde. Weiter geht Seitz darauf ein, dass die Muslime oft nur als situationsbedingte Feinde dargestellt wurden. Dies zeigt sich, laut Seitz, in der Darstellung eines Sultans als freundlicher Gastgeber, oder in der Freilassung der gefangenen Kreuzfahrer. Auch zeigt sich daran, dass den Muslimen durchaus positive Eigenschaften zugerechnet wurden. Seitz stellt weiter fest, dass die Chronisten gelegentlich das Feindbild der Muslime durchbrachen. Die Chronisten zeigten

---

44 Gemeint ist hier das Heilige Römische Reich (deutscher Nation).
45 Vgl. Seitz, Das lange Ende der Kreuzfahrerreiche S.142-149 und 159.
46 Vgl. Ebenda S.149-154 und 159.
47 Ebenda S.160. Weitere Ausführungen auf den Seiten 154ff und 158.
48 Ebenda S.221.

immer wieder Gemeinsamkeiten zwischen den beiden Religionen auf und ein Chronist hinterfragt das Feindbild komplett.[49] Davon ausgehend sagt Seitz, dass mache Chronisten die Feindschaft in verschiedene Grade unterteilten. Dies nutzten die Autoren um z.b. abgeschlossene Verträge positiv darzustellen oder um positive sowie negative Eigenschaften der eigenen Gruppe aufzuzeigen.[50] Über das Aussehen oder die nichtreligiösen Gewohnheiten wird in den Chroniken wenig berichtet. Während hingegen die Religion und der Glaube in den Chroniken ausführlich behandelt werden. Davon ausgehend stellt Seitz klar, dass Darstellungen oft tendenziös waren, da die Chronisten ihren eigenen Glauben als den wahren darstellen mussten. Auch wird der Glauben nicht in das Gesamtgeschehen eingeordnet sondern eher in einzelnen Fällen interpretiert.[51]

Im zweiten Teil (S.223-256) des vierten Großkapitels, beschäftigt sich Annette Seitz mit der „[...] Alterität innerhalb der eigenen Gruppe [...]"[62]. Zunächst lässt sich laut Seitz feststellen, dass man in den Darstellungen der Kreuzzüge meist von den Christen oder den Pilgern spricht. Seitz führt die Annalisten von Waverly und die Chronik von Bury St. Edmunds an, die von den Kreuzfahrern als Christen sprechen. Hier lässt sich also keine Unterscheidung der einzelnen Herkunftsgruppen feststellen.[53] Weiter führt Sie aus, dass die Kreuzzüge als christliche Gemeinschaftsaktion verstanden wurden. Unter den Christen wurden die lateinischen Christen verstanden, somit gehen die Kreuzfahrer verschiedener Herkunft in einem Heer auf.[54] Eine Ausnahme machen die Chronisten, laut Seitz. Sie stellen den zweiten Kreuzzug als Unternehmen des französischen und deutschen Herrschers dar. Danach befasst sich Seitz mit der, ab dem dritten Kreuzzug aufkommenden Darstellung der Probleme durch die unterschiedliche Zusammensetzung der Kreuzfahrerheeres. Gleichzeitig sagt Sie aber auch, dass sich keine sicheren Aussagen aus den Chroniken entnehmen lassen. Laut Seitz ergibt sich aus dem Blick auf die christlichen Bewohner im Outremer, dass die Zugehörigkeit zur Gruppe durch die Zugehörigkeit zum Christentum definiert wurde. Nach Seitz findet sich in keiner Chronik ein Gesamtbild der Gruppe. Sie formuliert aus den Äußerungen der Chronisten, das Gesamtbild: Den obersten Rahmen bildet das Christentum, danach folgt die Unterscheidung zwischen Irrlehren und dem richtigen Glauben. Als richtiger Glauben wurde die römische Kirche, sowie die griechisch-orthodoxe Kirche angesehen. Als Irrlehre, wurde vor allem die christlich

---

49 Vgl. Ebenda S.221.
50 Vgl. Seitz, Das lange Ende der Kreuzfahrerreiche S.221.
51 Vgl. Ebenda S.221f.
52 Ebenda S.25.
53 Vgl. Ebenda S.254.
54 Vgl. Ebenda S.255.

orientalische Lehre, wie die der Nestorianer[55] oder die der Jakobiten bzw. der Kopten[56] bezeichnet. Trotz der Bezeichnung als richtiger Glaube, kann laut Seitz ein deutlicher Unterschied zur römischen Kirche gesehen werden. Abschließend stellt Seitz fest, dass die Konstruktion einer *Wir-Gruppe* von der Argumentationsabsicht abhängig ist. Papst Urban II. sprach von einer *Wir-Gruppe* mit den byzantinischen Christen, während hingegen 1202/04 eine deutliche Unterscheidung gemacht wurde. In einem anderen Zusammenhang gehörten die byzantinischen Christen aber durchaus zur *Wir-Gruppe*. Zusammenfassend lässt sich hier sagen, dass die Chronisten eine eher gespaltene Meinung hervorbrachten.[57]

Im abschließend Kapitel (S.257-283) das von der Frage, ob die Kreuzzüge als weltliche Kämpfe oder als gottgewollt angesehen wurden, geleitet wird stellt Seitz folgendes fest: Die Chronisten brachten positive Stimmen zu den Kreuzzügen hervor und waren der Überzeugung, dass das heilige Land durchaus zu den Belangen des Westens gehörte. Somit kann man zu dem Ergebnis kommen, dass die Kreuzzüge durchaus als gottgewollt gelten können. Gleichzeitig sagt Sie aber auch aus, dass man unter einer anderen Betrachtung von Geschichte zu dem Ergebnis kommen kann, dass die Kreuzzüge nicht unbedingt als expliziter Willen Gottes angesehen werden können.[58]

Zusammenfassend lässt sich über die gesamte Dissertation sagen, dass Annette Seitz in jedem Kapitel zu überzeugenden und eindeutigen Ergebnissen kommt und diese gut strukturiert darstellt. Einzig das letzte Kapitel bleibt von einem eindeutigen Ergebnis her offen und lässt einen gewissen Spielraum offen.

---

55 Eine nach Nestorius (Patriarch von Konstantinopel) benannte christologische Lehre. Wurde als Häresie verurteilt.
56 Eine Abspaltung der griechisch-orthodoxen Kirche. Sie bekennen sich dazu, dass das göttliche und menschliche in Christus zu einer Natur vereidigt ist.
57 Vgl. Seitz, Das lange Ende der Kreuzfahrerreiche S.255f.
58 Vgl. Ebenda S.266 und 277.

4. Kritische Würdigung

Annette Seitz hat eine formal, methodisch und inhaltlich weitgehend gelungene Dissertation angefertigt. Sie zeigt in Ihrer Dissertation „[..] *erstmals ein differenziertes Bild des Umgangs mit dem 'Scheitern' im Nahen Osten [...]"*[59] auf, welches die bisherige Konzentration auf das Sündenmotiv hinterfragen soll. Hans Eberhard Mayer bemerkt, dass *„sich [Seitz] mit dieser Arbeit des Sammelns, Sichtens und Interpretierens viel Mühe gemacht [...]"*[60] hat und Hannes Möhring bewertet die Arbeit als Schluss einer Forschungslücke in ihrer Gesamtdarstellung.[61]

Der inhaltliche Ertrag der Arbeit besteht vor allem aus der Auswertung von 39 Chroniken, über die sich, wie Mayer anführt, ereignisgeschichtlich nicht viel aussagen lässt, mentalitätsgeschichtlich aber eine durchaus deutlichere Gewichtung besitzen.[62] Möhring nimmt dies ebenfalls auf, indem er von sehr begrenzten verallgemeinernden Schlüssen spricht und der Arbeit wesentliche neue Erkenntnisse abspricht.[63] Die Darstellung, der aus den Chroniken hervorgehenden Ergebnisse, überzeugt formal durch eine weitgehend sorgfältige Präsentation und eine klar durchdachte Gliederung. Dies zeigt sich z.B. an der Platzierung des dritten inhaltlichen Kapitels über die narrativen Strukturen nach den ersten beiden Analysen der Darstellungs- und Deutungsmodellen.

Trotz eines gelungenen Aufbaus und einer gelungenen Strukturierung, lassen sich bei Seitz Kritikpunkte finden. Möhring wird nicht konkret und sagt nur *„dies lässt über einige Flüchtigkeiten hinwegsehen, die vor allem formaler und sprachlicher, aber auch inhaltlicher Art sind"*[64]. Mayer, beschäftigt sich hingegen im Großteil seiner Rezension mit der Darstellung von oben angeführten Fehlern. Zunächst stellt Mayer inhaltliche Fehler vor, z.B. das der Herzog von Jaffa als Graf bezeichnet wird (Seitz S.122). Danach geht er auf fehlende Buchstaben und Wörter ein. Bei fehlenden Buchstaben führt er beispielsweise *„Kreuzzugsverteidigen statt -verteidigern"* (Seitz S.26) an. Bei den fehlenden Wörtern kann *„Übereinstimmungen (zwischen) dem christlichen und muslimischen Verständnis"* (Seitz S.179) als Beispiel anführen. Danach beschäftigt er sich eingehend mit den falschen Casus,

---

59 Seitz, Das lange Ende der Kreuzfahrerreiche S.29.
60 Vgl. Hans Eberhard Mayer, Rez. zu: Annette Seitz, Das lange Ende der Kreuzfahrerreiche in der Universalchronistik des lateinischen Europa (1187-1291). (Historische Studien, Bd. 497) Husum 2010, in: http://www.mgh-bibliothek.de/cgi-bin/digida.pl?ident=da672&dir=img&seite=703, (Stand 07.03.2017).
61 Vgl. Hannes Möhring, Rez. zu: Annette Seitz, Das lange Ende der Kreuzfahrerreiche in der Universalchronistik des lateinischen Europa (1187-1291). (Historische Studien, Bd. 497) Husum 2010, in HZ 294/3, 2012, 761-775.
62 Vgl. Rezension von Mayer.
63 Vgl. Rezension von Möhring.
64 Rezension von Möhring.

wie z.B. „*bis in das 14. Jahrhunderts*" (Seitz S.223). Daraufhin befasst er sich mit unnötig wiederholten Wörtern, z.B. „*und bereiten damit bereiten*" (Seitz, S.130). Auch kritisiert er die falsche Transkription einer Autorin in den Verweisen und im Literaturverzeichnis, obwohl Sie im Text richtig genannt wird (Seitz S162). Zum Abschluss seiner sprachlichen Kritik geht er noch auf falsches Latein ein, hier kann man als Beispiel „*Guido Pictaviensis wird übersetzt mit Guido von der Picardie anstatt Poitou*" (Seitz S. 71) nehmen[65]. Auch die im sechsten Kapitel plötzlich wieder mit eins beginnenden Anmerkungen, trüben das Bild einer formal gelungenen Arbeit.

Ein abschließendes Urteil über die Dissertation muss zwei geteilt ausfallen. Der inhaltliche Ertrag ist trotz der leichten Kritik durch Mayer und Möhring als gut zu bewerten und hätte durch kleine Korrekturen vervollständigt und richtig werden können. Seitz kommt zwar nur indirekt zu einem abschließenden Urteil, ob die Kreuzzüge als gottgewollte oder als weltliche Kämpfe verstanden wurden. Sie beantwortet aber in allen Kapiteln die jeweilig von Ihr angegebene Fragestellung mit überzeugenden Ergebnissen. Dem formalen Ertrag der Arbeit muss man einiges absprechen. Wie Mayer in seiner Rezension aufzeigt, weist die Arbeit deutliche formale Fehler auf. Deshalb kann auch Mayers indirekte Infragestellung der Druckreife als zutreffend angesehen werden.[66]

---

65 Vgl. Rezension von Mayer.
66 Vgl. Ebenda.

5. Fazit

Die breite Erforschung der Kreuzzugsereignisse bis zum Wendepunkt von Hattin 1187, führte – nicht zwangsläufig – zu einer Vernachlässigung der Ereignisse nach 1187. Durch die Arbeit von Annette Seitz schließt sich, wie Hannes Möhring bemerkt, eine Forschungslücke.[67] Auch mit Ihrer Fragestellung versucht Sie einen neuen Forschungsschwerpunkt zu setzen, in dem Sie die frühere Konzentration auf das Sündenmotiv als Erklärungsmuster hinterfragt.

Die zu Beginn analysierte Struktur der Arbeit zeigt, dass Seitz die von Ihr erarbeiteten Ergebnisse in einer formal sorgfältigen Präsentation sowie einer klar durchdachten Gliederung aufzeigt. Die Darstellung der Quellen, auf denen die Arbeit basiert, führt zu dem Ergebnis, dass diese wie Mayer und Möhring anmerken ereignisgeschichtlich nicht viel nutzen, aber mentalitätsgeschichtlich eine durchaus größere Bedeutung haben. Seitz zeigt in den ersten drei Kapitel ihres Hauptteils auf, dass bestimmte Ereignisse in allen Chroniken erwähnt wurden, die Chroniken aber durchaus regionale Abhängigkeiten aufweisen. Weiter zeigt Sie, dass es drei sehr häufig genutzte Deutungsmuster und acht sehr häufig genutzte narrative Strukturen zur Wiedergabe der Ereignisse genutzt wurden. Im vierten Kapitel, kommt Seitz zu dem Ergebnis, dass die Gegner oft eine untergeordnete Rolle spielten und oft tendenziös dargestellt wurden. Auch kommt sie hier zu dem Ergebnis das die christliche *Wir-Gruppe* eine nicht unbedingt festgeschriebene Gruppe war und sie durchaus je nach Bedarf ausgeweitet und verkleinert werden konnte. Das als Fazit zu verstehenden sechste Kapitel Ihrer Arbeit bleibt allerdings nur zum Teil beantwortet. Es lässt sich feststellen, dass man je nach Perspektive von gottgewollten oder weltlichen Kämpfen sprechen kann.

Aus den Rezensionen geht hervor, dass der Inhalt der Dissertation als durchaus ertragreich für die moderne Kreuzzugsforschung angesehen werden kann. Die Formalia, jedoch, können in den Rezensionen nicht überzeugen und werden indirekt als mangelhaft bewertet.

Abschließend ist anzuführen, dass die Arbeit von Annette Seitz zu schlüssigen Ergebnissen kommt, die in einer überzeugenden Darstellung aufgezeigt werden. Daher kann diese Arbeit durchaus als Schluss einer Forschungslücke angesehen werden. Auf der formalen Ebene wird das Bild der sonst guten Arbeit getrübt. Die Dissertation weist etliche Druck- und Grammatikfehler auf, diese darf man aber nicht

---

67 Vgl. Hannes Möhring, Rez. zu: Annette Seitz, Das lange Ende der Kreuzfahrerreiche.

allein als von Seitz verursacht sehen, sondern auch auf ein wenig sorgfältiges Lektorat schließen. Die Häufigkeit dieser Fehler berechtigen es durchaus, sich dem indirekten Urteil Mayers anzuschließen und die Druckreife nachträglich zu hinterfragen. Trotzdem sollte man den guten inhaltlichen Ertrag bevorzugen, da dieser der wichtigere Teil für die Bearbeitung eines Themas ist und den wesentlicheren Anstoß für die Verleihung des Doktorgrades ist.

Literaturverzeichnis

Monographie:

Annette Seitz, Das lange Ende der Kreuzfahrerreiche in der Universalchronistik des lateinischen Europa (1187-1291), Husum 2010.

Internet-Quellen:

Georg Bönisch, Kampf um die Weltherrschaft. Heiliger Krieg, in: Spiegel Online, 31.07.2012, http://www.spiegel.de/spiegelgeschichte/papst-urban-ii-rief-zum-kreuzzug-gegen-die-muslime-auf-a-847261.html (Stand 09.03.2017).

Hans Eberhard Mayer, Rez. zu: Annette Seitz, Das lange Ende der Kreuzfahrerreiche in der Universalchronistik des lateinischen Europa (1187-1291). (Historische Studien, Bd. 497) Husum 2010, in: http://www.mgh-bibliothek.de/cgi-bin/digida.pl?ident=da672&dir=img&seite=703, Stand 07.03.2017.

Zeitschriftenartikel:

Hannes Möhring, Rez. zu: Annette Seitz, Das lange Ende der Kreuzfahrerreiche in der Universalchronistik des lateinischen Europa (1187-1291). (Historische Studien, Bd. 497) Husum 2010, in HZ 294/3, 2012, 761-775.